OBSERVATIONS

A MES COMMETTANS,

PAR J. A. DULAURE,

DÉPUTÉ A LA CONVENTION NATIONALE.

OBSERVATIONS
A MES COMMETTANS;

Par J. A. DULAURE,

Député à la Convention nationale par le département
du Puy-de-Dôme.

Au premier janvier, j'ai donné la *Physionomie de la Convention nationale* ; j'ai développé les causes des partis qui la divisent. J'ai tracé les portraits des hommes qui avoient l'ambition de la do_miner, et celui de ceux qui étoient disposés à se laisser conduire ; j'ai parlé de l'esprit de la majorité de cette assemblée, et de ce qu'on doit en attendre. Je voulois examiner ici quels traits de cette physionomie se sont plus prononcés depuis cette époque, quelle altération ils ont subi ; mais des motifs de paix m'ont déterminé à ne présenter que des observations éparses qui tendent plus à ramener les esprits, qu'à les fortifier dans leurs divisions. J'ai cru que le salut public me faisoit une loi de lui tout sacrifier, même des vérités.

Ces observations, rapidement tracées, convaincront de cette vérité : que c'est moins la diversité des opinions politiques, que les haines particulières ; que c'est moins les choses que les hommes, qui causent les funestes divisions auxquelles cette assemblée est en proie.

La mort de *Louis Capet* sembloit faite pour calmer les inquiétudes, abattre les orages des passions et ne laisser plus de prétextes aux méfiances. On craignoit le résultat de cette affaire ; mais ce résultat ayant tourné au desir de la majorité de la nation, on devoit n'avoir plus de crainte. Cette crainte ayant cessé, les soupçons, les méfiances qui en étoient les effets, devoient disparoître avec elle, et cela seroit arrivé si l'esprit de division qui règne dans la convention n'eût eu pour cause que l'intérêt public. Mais d'an-

ciennes animosités, l'envie profondément enracinée entre tels et
tels hommes, se sont perpétuées après l'évènement. Les uns avoient
accusé les autres de vouloir rétablir *Louis Capet* sur le trône,
les autres accusoient les premiers de ne vouloir ôter la vie à
Louis, que pour lui donner un successeur à leur choix. Les
hommes impartiaux ne croyoient ni à l'un ni à l'autre de ces prétendus projets, et gémissoient des troubles que ces phantômes de
conspirations excitoient.

Louis est mort, aucun parti ne s'est présenté pour l'arracher
au supplice, aucun personnage ne s'est présenté pour le rempla-
cer, et si d'Orléans avoit un parti dans la convention, ses partisans décidés étoient en si petit nombre qu'on ne devoit pas les
craindre : l'expérience a prouvé quel étoit le nombre de ses dé-
fenseurs.

Ce résultat auroit dû éclairer ceux des deux partis qui réflé-
chissent, les rappeler à la raison, les délivrer de l'esprit de parti
qui les obsède, qui les aveugle, qui enchaîne leur jugement ; mais
il auroit fallu pour cela aimer mieux servir sa patrie que ses
passions ; mais il faudroit se méfier de ses opinions, s'appeler soi-
même, pour ainsi dire, chaque jour, à chaque instant, au tribunal de sa conscience ; avoir la vertu de se juger sévèrement, la
force de redresser son jugement et de se replacer dans la voie de la
justice, lorsqu'on s'en est écarté.

Tous ces écarts des passions tiennent à un méchanisme dont la
plupart des hommes ignorent le jeu. Tel croit suivre le flambeau
de sa raison, qui n'obéit qu'au jeu des passions, qu'à une force
physique, qu'à son tempéramment, qui le portent, soit à l'exagération, soit à la modération. Cette connoissance est plus utile
qu'on ne pense dans une république, et préviendroit le peuple
contre un grand nombre d'orateurs qui le mènent et l'égarent.

Tel homme, par exemple, dont les yeux sont fixes, les mouvemens convulsifs, qui a le tein blême, les lèvres livides, lorsqu'il
est irrité (1), dont la haine concentrée perce malgré lui, n'est ja-

______

(1) Salluste nous assure que Catilina avoit le teint aussi blême que celui de
plusieurs de nos héros de tribune.

mais plus à son aise que lorsqu'il l'exhale toute entière : méfiez-vous de ses discours ; il ne peut être juste, il est atrabiláire ; son tempéramment l'emporte toujours au-delà de la vérité.

Le flegmatique, au contraire, avec les mêmes principes, les mêmes intentions, agira tout différemment. Il ne proposera que des moyens modérés, il ne sera pas pour cela plus ennemi dé la patrie que l'atrabilaire ; ils suivront tous les deux l'impulsion de leurs tempéramens, mais ils ne mériteront, ni l'un ni l'autre, des inculpations personnelles. C'est aux observateurs paisibles, à l'homme sage, à tempérer l'exagération de l'un, et à réchauffer la modération de l'autre.

La détermination des opinions dans une grande assemblée, outre la cause du tempéramment a encore celle de la prévention, des haines antérieures, de l'amour-propre.

Dès qu'on est prévenu contre un homme, on l'est contre ses discours, et alors on cesse d'être impartial, d'être juste.

Dès que l'on a de la haine contre un homme, on a besoin de lui trouver, sans cesse, des torts, pour justifier cette haine aux yeux de sa propre conscience, et aux yeux de ceux qui vous entendent. Dès-lors l'apparence des torts est réputé comme la réalité ; tout ce qui prête à la calomnie contre son antagoniste, est saisi avec fureur ; les paroles les plus innocentes sont interprétées à mal : on cesse d'être impartial et d'être juste.

Pour juger, il faut réfléchir ; la réflexion est une peine ; et, pour réfléchir en faveur de son ennemi, c'est un effort dont on n'est guères capable ; il est plus commode de suivre son inclination. Voilà comment on cesse d'être impartial et juste.

Quand on a été long-temps injuste envers quelqu'un, quand même on viendroit à reconnoître cette injustice, l'amour-propre nous défend de cesser d'être injuste. Il est dans la nature de l'homme et dans les intérets de son amour-propre, de calomnier, de persécuter ceux que l'on a déjà calomniés et persécutés. Il est dans sa nature de détester ceux auxquels il a déjà fait du mal, comme de s'intéresser à ceux qu'il a comblés de ses bienfaits. Cesser, d'une part, ses persécutions, et, de l'autre, ses bienfaits ; c'est s'avouer

injuste et inconsidéré, et cet aveu, l'amour-propre le défend sur-
tout aux hommes revêtus d'un caractère public, et qui se montrent
sur un grand théâtre.

L'ambitieux peut réfléchir sur les qualités de ses adversaires, sur
sa propre injustice; il voit ordinairement la vérité, mais il ne la
suit pas : son intérêt s'y oppose.

Quand une fois ces passions, combinées avec le tempéramment,
ont établi la prévention et l'esprit de parti dans une tête, il est
bien difficile de les détruire, même chez un homme de bonne-foi.
Les fibres ont reçu alors une direction particulière; il faut, pour
ainsi dire, les redresser, les prendre à contre-poil, réformer le sys-
tême de son jugement, faire une révolution dans son cerveau; et
ce n'est qu'après une espèce de lutte longue et pénible; qu'après
une espèce de plaidoyer au tribunal de sa conscience, qu'on par-
vient à se dégager des chaînes de la prévention et de l'esprit de
parti. Pour y réussir, il faut, je l'avoue, un effort de vertu, il
faut de la force, et on n'en a guères contre ses penchans, contre
son amour-propre. Voilà pourquoi les haines publiques sont in-
terminables.

C'est sur-tout dans une nombreuse assemblée, où s'agitent de
grands intérêts, que le méchanisme du tempéramment, que le jeu
des passions acquièrent une grande énergie. L'homme qui vaut un
dans la vie privée, vaut plus de quatre, soit en bien, soit en
mal, au milieu des assemblées nombreuses, en face d'un grand
peuple qui l'observe.

De ces principes incontestables, tirés de la nature de l'homme,
il résulte que tel individu ne peut pas penser comme tel autre d'un
tempéramment différent, ou atteint de préventions différentes. Les
mêmes sensations étant perçues différemment par deux individus
de divers tempérammens, elles produisent des idées dissembla-
bles. Il résulte encore qu'il est injuste, et c'est sur-tout une preuve
d'ignorance, de prétendre que dans une grande assemblée, les
opinions soient unanimes; et qu'il est encore plus injuste de
s'accuser réciproquement de trahison, parce qu'ayant des tempérammens différens, on n'opine pas de même.

C'est pourtant de ces causes, si futiles en apparence, c'est pourtant de la tolérance réciproque des divers effets des différens tempéramens, que dépendent presqu'entièrement les destinées de la république; c'est la désunion, l'esprit de parti, les méfiances, qui ralentissent, entravent sans cesse l'action du gouvernement, et qui mettent souvent en péril les plus chers intérêts du peuple.

Figurez-vous plusieurs hommes, chargés d'un fardeau précieux et fragile, dont la chute entraîneroit une perte irréparable. Figurez-vous ces hommes qui, au lieu de marcher d'un pas égal pour porter ce fardeau à un but proposé, s'agitent, se querellent, se battent et exposent, à chaque instant, le fardeau à être renversé et détruit, et vous aurez l'allégorie de la convention nationale. L'homme raisonnable qui voit cette scène pénible n'est-il pas tenté de dire aux hommes ainsi chargés : arrivez paisiblement à votre but, déposez-y votre fardeau, et vous querellerez après tout à votre aise. Ainsi on peut dire aux députés de la convention : vous portez le fardeau précieux de la patrie, ne l'exposez pas à périr par vos dissensions dans le cours de votre marche, faites-le arriver à son but, posez-le sur des bases solides, et vous vous querellerez après, et vous emploierez, sans beaucoup de danger, les moyens de vous combattre et de vous venger. Détruisez-vous, si cela vous plaît; ce ne sera que quelques hommes détruits; mais attendez que votre destruction ne puisse plus entraîner celle de la patrie.

Mais on ne veut pas sentir cette vérité, toute palpable qu'elle soit; on aime mieux fortifier sa querelle, et lui donner de l'importance en la liant à l'intérêt général; on veut faire dépendre le salut public du succès d'une querelle particulière.

Qu'ils sont petits à mes yeux, qu'ils sont indignes du beau nom de républicains, ces hommes irascibles comme des femmes, que la moindre contradiction met en fureur, qui prétendent dominer l'opinion publique, et qui n'ont pas même la force de dominer leur petite humeur; qui, parce que leurs passions les gouvernent, veulent gouverner la patrie par leurs passions!

Le grand homme, dans une république, n'est pas celui dont

les actions sont les plus éclatantes, c'est celui qui sait sacrifier en silence son intérêt, son sang, et, ce qui peut-être est plus pénible encore, ses passions, à la patrie. C'est celui qui est le plus maître de lui, et qui s'occupe le moins de lui, pour être tout entier à la république, c'est celui qui est le plus vertueux et qui paroît moins l'être.

Etre le plus utile à la patrie et le moins utile à soi; voilà ce qui constitue le vertueux républicain. Combien comptons-nous de ces hommes vertueux ? Combien en est-il parmi ceux qui jouent un rôle dans la république ? Sont-ils vertueux ceux qui occupent sans cesse le peuple de leur vertu, de leurs services, de leurs querelles ; ceux qui, pour mériter sa faveur, le flattent, l'égarent et l'irritent à leur gré, et se gardent bien de blâmer ses excès, de lui dire des vérités courageuses et salutaires, de peur d'aliéner leur popularité ? Ils aiment mieux pervertir le peuple en conservant sa faveur, que l'instruire en risquant de la perdre ; ils n'aiment qu'eux, ils n'aiment point le peuple.

La situation nouvelle où se trouve la France offre aux observateurs un champ vaste et nouveaux. On feroit des volumes, si l'on vouloit parcourir tous les écarts dans lesquels un peuple déjà corrompu, peut se porter, avant d'arriver aux vertus républicaines. Cette carrière seroit bientôt remplie par le peuple, si la génération actuelle étoit neuve, si nous n'apportions pas, dans un régime de vertus nouvelles, les vices de l'ancien régime ; si les passions des uns et l'ignorance des autres, n'étoient point là pour égarer la marche de l'esprit public, et l'écarter de la vraie route. Il faudroit un miracle, pour que des républicains fussent créés aussi promptement qu'on a créé une république.

Le peuple, chez nous, sans s'en douter, a toujours l'esprit monarchiste ; accoutumé à vénérer, à idolâtrer un homme, il ne veut plus de roi, mais il veut une idole qui le remplace. Il a encore besoin d'idolâtrer quelqu'un, et il idolâtre des hommes. Tout ce qui se passe sous nos yeux prouve cette vérité d'une manière incontestable. Un peuple républicain ne doit idolâtrer que la patrie, que la liberté.

L'instruction seule peut, avec le temps, relever l'esprit public, et l'instruction dans ce moment, ne peut se faire avec succès que par les orateurs, parce qu'en ce moment, le peuple écoute plus qu'il ne lit. Examinons quel est l'esprit des orateurs que le peuple aujourd'hui écoute avec le plus de prédilection.

Les uns extrêmement irascibles ne lui parlent que pour calomnier leurs adversaires, l'irritent et le soulèvent contre eux. Les autres dévorés de jalousie ou d'ambition ne l'entretiennent que de vengeances à assouvir, et créent des conspirations imaginaires, pour exciter le peuple à se porter contre les prétendus conspirateurs qui sont leurs ennemis ; chacun appelle le peuple à son secours, chacun en veut faire un instrument de sa haine ou de son ambition. Chacun lui persuade que sa cause est liée avec la sienne ; et le peuple, d'autant plus passionné qu'il est moins réfléchi, se laisse aller aux mouvemens qu'on lui imprime, et croyant servir la patrie, ne sert que les haines et l'ambition de quelques individus.

Tous ces orateurs carressent les passions du peuple ; tous le flattent ; plusieurs renchérissent encore en lui montrant les propriétés des riches comme son patrimoine, et comme le prix de la faveur qu'ils sollicitent ; et ils colorent leurs passions des beaux noms de *patrie* et de *liberté.* Catilina aussi flattoit le peuple ; il parloit de liberté à ses conjurés ; Catilina aussi déclamoit contre les richesses de certains hommes, et promettoit à ses conjurés le partage de leurs biens, et Catilina étoit le plus odieux des scélérats, un des plus funestes ennemis de la république romaine (1).

Quels sont, je le demande, nos orateurs favorisés du peuple, qui, lorsqu'il s'est porté à des violences, à des massacres, au pillage, à des excès d'idolâtrie, ont élevé la voix contre ces ac-

---

(1) Lorsque le peuple de Rome eut appris la découverte de la conjuration de Catilina à laquelle d'abord il avoit participé, il abandonna ce conspirateur. Voilà une leçon aux accapareurs de popularité.

[...] criminel [...] en [...] morale ? Qui a [...] courage de donner au peuple [...] vos [...] vos [...] aucun ne [...] pas [...] d'autres scélérats, pour voir [...] pour donner un [...] de vertu au [...] ce moment, en instruit le peuple ; voilà [...] [...] vertus républicaines ; voilà comment [...] trônes, on pervertit la morale du peuple.

[...] la morale physique [...] [...] par plusieurs [...] s'élevoient entr'eux [...] s'estimoient réciproquement [...] [...] qualités, [...] aucun ne [...] [...].

[...] dans plusieurs [...] [...] requiert [...] voit le droit de faire descendre de la [...] [...] quelques termes publics [...] [...] devant les tribunaux, [...] [...] la [...]. On savoit par expérience [...] [...] vertu pouvoit-être [...] [...] qu'un homme qui [...] [...] en public, [...] malhonnête [...] l'esprit du peuple. [...] [...] d'hommes pervers, d'hommes enrichis [...] la [...] publique, par des malversations, d'hommes [...] de [...] spéculation, seroient bannis de mon [...] [...] seroit parmi nous en vigueur.

On ne [...] pas à sentir la nécessité de faire [...] [...] eux pour les empêcher de s'écarter [...] [...] discours inutiles, ou par des [...] [...] toujours dérangés, soit pour fixer [...] discours.

L'orateur qui, par une éloquence ambitieuse, met [...] [...] que [...] [...] parler à l'imagination [...] la raison [...]

souvent la vérité de nuages , et nous présente l'erreur sous des dehors séduisans, cet orateur entraîne par ce moyen , les esprits légers, et doit inspirer la méfiance des esprits solides. Un beau mouvement d'éloquence, dans l'endroit foible d'un raisonnement, nous cache cette foiblesse, en éblouissant les esprits. C'est un piége tendu à la bonne-foi des auditeurs. J'ai vu souvent ces tours d'adresses employés avec un funeste succès dans nos tribunes.

Si l'orateur a moins envie de décevoir que de faire briller son talent , il est toujours répréhensible ; il se montre plus occupé de sa réputation d'orateur que de la chose publique. Si son intention est de séduire ceux qui l'écoutent , il est criminel. Dans ces deux cas, les orateurs doivent être réprimés , et leur brillante superfluité de parole , qui ne tend qu'à leur attirer des partisans , qu'à séduire , qu'à faire perdre du temps , est un attentat à la patrie.

Une tribune de républicains ne doit pas être une tribune de rhéteurs. Des hommes chargés des intérêts du peuple , ne doivent pas perdre le temps à faire des phrases. Ils doivent travailler pour la gloire de la république , et non pour leur gloire particulière. Ils ne doivent briller que par l'ordre et la force de leurs raisonnemens ; tout autre éclat est vain. Des républicains doivent s'accoutumer à la nudité de la raison. Précision et clarté , voilà les préceptes éternels de l'éloquence républicaine. Ces préceptes devroient être réduits en loix.

Les anciens qui connoissoient le prix du temps , et qui avoient plus que nous éprouvé les dangers où l'inutilité du bavardage brillant des orateurs , avoient fixé la durée de leurs discours , et les avoient réduits à se renfermer dans les bornes étroites du laconisme. Ils se servoient d'un clepsydre rempli d'eau. Tant que l'eau couloit, les orateurs pouvoient parler ; mais étant écoulée, ils étoient obligés de se taire.

Avec des emportemens , des sarcasmes, des injures, on ne peut faire de bonnes loix. Les orateurs qui se les permettent, ne sont point les amis du peuple. Le choc des opinions qui

produit la lumière, n'est pas la même chose que de che[...]
[...]ons qui ne produit que partialité et [...]. [...]
bonnes loix, il faut de la réflexion, et l'on ne [...]
dans le calme.

Dans des discussions importantes, les orateu[rs] [...]
en présentant la question sous ses divers points [...]
trop souvent ils abusent de leur facilité [...]
à faire adopter leurs opinions qu'à réfléchir sur [...]
leur amour-propre leur commande [...] point [...]
bataillent pour leurs idées, ils s'en[...]tent [...]
de voir un orateur convenir qu'il s'est trompé. [...]
tue au contraire, qui a plus de raison que [...]
pouillé de la prévention et de la partialité des [...]
toutes les opinions [...] juge, saisit plutôt [...]
[...]oujours c'est lui qui décide. En cela il [...]
beaucoup d'orateurs. Il remplit là, les fonctions [...]
autres ne sont que des avocats qui plaident leurs [...]
tardera guère à être convaincu que ceux qui crient le [...]
sont ceux qui pensent le moins.

Moins de mots, plus de choses, plus de précision [...]
[...] que de digressions, de phrases; moins d'emport[...]
moins de prévention, moins d'amour-propre; point de perso[n]
nalités et d'injures. Voilà les qualités qu'il faudroit à nos o[ra]
teurs. La patrie gagneroit du temps; des loix plus sages; les [...]
particulières trouveroient moins à s'alimenter; la [...]
nationale seroit plus respectable et plus respectée.

Déterminé à ne faire ici que des observations générales, je [ne]
parlerai point des intrigues, des projets destructeurs et ambitie[ux]
de quelques hommes qui influencent une partie de la conve[ntion]
nationale; hommes qui, s'ils étoient mieux connus, [...]
leur simplicité dans leur propre réputation, et qui [...]

---

que quelques énergumènes pressés par le besoin de partisans et d'admirateurs, ont, de concert, dénoncé tout le monde ; de peur que tout le monde les dénonçât (1). Ces êtres ne sont pas dignes de la colère de l'homme de bien, et si on les eût autant méprisé qu'ils méritent de l'être, à peine eussent-ils obtenu la célébrité d'Erostrate. Je parle à la masse de la convention qui, souvent égarée par diverses passions, souvent entraînée par des circonstances difficiles, et par tous les fermens des passions au-delà de son devoir, est cependant pure, bien intentionnée, et capable de grandes choses. Je lui dirai des vérités, je les lui dois, et je les lui dirai en républicain.

Quelle réponse ferez-vous, orateurs bruyans et passionnés, à vos commettans, lorsqu'ils vous demanderont compte de votre conduite à la convention nationale ? Vous direz : j'ai combattu les passions de mes adversaires, je les ai irrités, j'ai élevé des soupçons sur eux, j'ai cherché à soulever, à armer le peuple contre eux ; je l'ai flatté, carressé, pour l'attacher à mon parti ; j'ai dévoilé leurs complots, je les ai injurié avec éloquence, je n'ai pas laissé échapper une seule occasion, sans me livrer aux mouvemens de ma colère. Je me suis même montré avec courage et avec éclat, dans cette lutte particulière. Vos commettans vous répondront avec raison : *vous n'avez pas fait votre devoir.*

Vous vous êtes plus appliqués à combattre vos ennemis particuliers, qu'à combattre nos ennemis communs. Vous avez plus servi vos passions, votre amour-propre, que nos intérêts ; vous

---

(1) J'avois projeté de retracer ici le récit de la conjuration avortée du 10 mars, ainsi que de ses appendices ; mais aujourd'hui l'existence de cette conjuration, qui n'a pas même été désavouée par les conjurés, est tellement démontrée, qu'il est inutile d'y revenir. Tous ceux qui suivent le cours des évènemens actuels, savent que la tentative de la proscription des 22 membres de la convention, est un supplément du projet manqué de les faire assassiner le 10 mars. Les commotions contre-révolutionnaires qui se sont manifestées en même temps vers le 10 mars dans divers départemens, fait penser que cette expédition tenoit à un plan général de contre-révolution.

avez plus fait pour votre propre cause, que pour la vôtre.
Vous saviez que de votre union dépendoit le salut de la patrie,
et vous avez tout fait pour vous désunir, et vous n'avez pas fait
le moindre sacrifice de vos passions, pour maintenir cette salu-
taire union. *Vous n'avez pas fait votre devoir.*

Composés d'élémens différens, représentans du peuple, vous
deviez vous étudier réciproquement, combiner les différences de
vos tempéramens, et les faire tourner au bien général. Vous
deviez attaquer les opinions, sans attaquer les personnes, en
rendant même justice aux motifs de ceux qui se trompoient. Né
avec des intentions pures, tous les hommes ne peuvent avoir
les mêmes opinions. Vous deviez travailler à amalgamer les
exagérations des uns avec la modération des autres, et en former
un tout utile. Ce n'est pas une injure, une calomnie, qui
éclairent celui qui s'égare ; il s'en irrite au contraire, et per-
siste dans son égarement, en détestant celui qui prétend l'é-
clairer ; il est alors plus que jamais disposé à s'éloigner d'une
vérité qui lui est présentée avec un outrage.

Si vous eussiez pu dominer vos passions, vous auriez sauvé
la patrie ; vous auriez évité ces tiraillemens contraires dans
l'action du gouvernement, ces mouvemens populaires qui l'avi-
lissent, le désorganisent, et rallentissent sa marche ; vous
n'eussiez point perverti la morale du peuple ; vous lui auriez
appris ses droits en même temps que ses devoirs ; il eût res-
pecté ses représentans ; l'Europe qui vous contemple vous eût
admiré, eût envié notre sort. Vous avez enlaidi la révolution ;
vous avez gâté, en quelque sorte, la plus belle des causes ;
vous avez fait haïr la liberté, par vos fureurs ; vous vous êtes
affoiblis, en vous divisant, et vous avez relevé les espérances
de nos ennemis communs. Votre harmonie eût fait trembler les
puissances coalisées contre nous ; vos divisions les rassurent. Votre
harmonie eût réduit à l'impuissance et au mépris, le petit nombre d'hommes pervers qui se cachent parmi vous, et qui y soufflent
le feu de la discorde ; vos divisions les encouragent et les forti-
fient. *Vous n'avez pas fait votre devoir.*

Il est encore temps de le faire, si vous le voulez sincèrement. Sacrifiez, pour quelque temps, vos haines et vos passions à l'intérêt public ; cessez de voir les hommes ; voyez la patrie toute entière qui attend de vous son bonheur. Faites de bonnes loix, et vos ennemis, s'ils sont ceux de la liberté, seront, n'en doutez pas, punis tôt ou tard. Vous serez vengés, et la patrie le sera aussi. Mais attendez que vous ayez déposé le fardeau dont vous êtes chargés ; attendez que vos querelles ne puissent plus exposer le salut de la république.

De l'Imprimerie de LANGLOIS Fils, rue du Marché-Pelu, au coin du Petit-Pont. 1793.